全国中等职业技术学校电子商务专业

电子商务客户服务习题册

中国劳动社会保障出版社

简介

本习题册与全国中等职业技术学校电子商务专业教材《电子商务客户服务》配套使用。习题册按教材章节的顺序编写，包括填空题、单项选择题、判断题、简答题、综合题等，题型丰富，难易适中，供学生课后练习使用。

本习题册由饶秀丽任主编，黄斯、尹雪帆参加编写。

图书在版编目（CIP）数据

电子商务客户服务习题册 / 饶秀丽主编 . -- 北京：中国劳动社会保障出版社，2019
全国中等职业技术学校电子商务专业
ISBN 978-7-5167-4103-0

Ⅰ. ①电… Ⅱ. ①饶… Ⅲ. ①电子商务 – 商业服务 – 中等专业学校 – 习题集 Ⅳ. ①F713.36-44

中国版本图书馆 CIP 数据核字（2019）第 130000 号

中国劳动社会保障出版社出版发行
（北京市惠新东街 1 号　邮政编码：100029）

*

三河市潮河印业有限公司印刷装订　　新华书店经销
787 毫米 × 1092 毫米　16 开本　2.75 印张　43 千字
2019 年 7 月第 1 版　　2024 年12月第 8 次印刷
定价：5.00 元

营销中心电话：400-606-6496
出版社网址：http://www.class.com.cn
http://jg.class.com.cn

目 录

第 1 章　电子商务客户服务概述

一、填空题

1. 电子商务客服人员是与客户直接联系的一线业务人员，负责接待客户咨询、____________、客户投诉等日常事务。

2. 电子商务客服按服务形式划分，可分为智能客服、____________和电话客服。

3. 电子商务客服按业务职能划分，可分为____________和____________。

4. 智能客服也称____________，它是在综合学科知识基础上发展起来的一项面向行业的应用技术。

5. ____________主要负责向客户详细地介绍产品或服务的功能或服务细节，帮助客户更好地了解产品的情况和使用方法等。

6. 电子商务客服人员在进行客户关系维护时，要定期____________。

7. 电子商务企业的组织结构主要分为____________和复合型组织结构。

二、单项选择题

1. 帮助客户消除对商品、商家的距离感，使他们的疑惑得到解决，得益于电子商务客服的（　　）功能。

A. 及时解答　　B. 订单查询

C. 店铺管理　　D. 退换货处理

2. 电子商务客服人员想要成功地给客户带来优质的服务体验，首先要提升的是（　　）。

A. 工作时间　　B. 服务意识

C. 产品质量　　D. 对企业制度的了解

3. 下列对电子商务客服人员的说法不正确的是（　　）。

A. 要尽量确保回复每位客户的问题

B. 回答客户问题时应用语文明、精准简洁

C. 对不同的客户可以使用不同的会话技巧

D. 对于没礼貌的客户可以置之不理

4. 按复合型组织结构设置电子商务企业部门职能时，售后客服属于（ ）。

A. 财务部　　B. 商品部

C. 销售部　　D. 仓储部

5. 电子商务客服人员应收集客户提出的产品改进意见或建议，并及时把这些意见或建议转达给（ ），以帮助其提高产品的品质。

A. 设计和生产部门　　B. 客服管理部门

C. 后勤部门　　D. 财务部门

三、判断题

1. 商家需要时常开展优惠活动吸引客户，这些优惠活动的信息可以由电子商务客服人员在与客户交流的过程中进行推广。（ ）

2. 调整订单价差、修改订单信息是电子商务客服在订单处理时常见的问题。（ ）

3. 如果网店销售的是无形商品，客户下单后需要通过物流公司进行商品的运输及配送。（ ）

4. 电子商务客服人员的工作内容包括收集客户信息、了解并分析客户需求。（ ）

5. 非购物客户在退出网店沟通平台时，电子商务客服人员仍应礼貌送客。（ ）

四、简答题

1. 简述电子商务客服提高客户回头率的方法。

2. 电子商务客服的岗位职责包括哪几个方面?

3. 简述电子商务客服人员应具备的基本技能。

五、综合题

1. 某淘宝店铺主要经营女士服装，品类包括上衣、下装、外套以及连衣裙等，产品质量好且价格实惠。店铺日常运营时前来咨询的客户大多询问产品的尺寸、材质、洗护要求以及物流情况等问题，高峰时期一位客服人员需同时回答 10 位以上客户的咨询。

随着换季期的到来，店铺经营势头越来越强，客户咨询量日益增加，因此，店铺招入了一批新的客服人员。但这批客服人员的工作效率一般，有的回答客户问题时反应较慢，客户等不及就离开了；有的不熟悉店铺产品无法解答客户的疑惑，导致客户对产品不放心而离开；有的不擅长引导客户进行选购，客户进店咨询后又离开了。

请根据以上案例，分析出现这些情况的主要原因是什么？作为一名合格的电子商务客服人员应具备哪些基本素质?

2. 李萍是某淘宝店铺的售前客服人员，该店铺销售的商品为女鞋。李萍从事客服工作已超过半年，积累了一定数量的固定客户，但是她发现，自己每个月的业绩并不稳定，忽高忽低。而与她同一岗位的老员工王芳的业绩则比较稳定，在完成每个月店铺定下的任务目标后还能超额。经过仔细观察，李萍了解到，王芳在开发新客户的同时，对老客户的维护工作也没有放松，这是她与王芳之间产生业绩差距的主要原因。

请根据以上案例，分析李萍应如何缩短与王芳之间的差距。

第 2 章　电子商务客服售前准备

第 1 节　熟悉商品

一、填空题

1. 电子商务客服人员对____________的熟悉程度是顺利与客户进行沟通的前提和基础。

2. 假如某款衬衫的尺码是 165/90A，则“165”代表“号”，指人的_________；“90A”代表“型”，指人的____________。

3. 在 FAB 分析法中，“F”代表____________，即所包含的内容通常能让消费者通过观看或触摸的方式感受到。

4. 电子商务客服人员只有在熟悉商品属性之后，才能更恰当地向客户进行商品描述，商品属性包括商品规格、____________、____________等。

5. 商品的____________是指商品满足消费者心理需求的功能，由人的感性认识所决定。

6. 固体食品、彩妆类商品的商品规格通常用____________单位表示。

7. ____________是指商品所具有的特定职能，客户购买某件商品是希望这件商品能够用来做什么或能够提供某种功效。

二、单项选择题

1. 下列选项不属于商品材质描述的是（　　）。

A. 表面纹理　　B. 光滑度　　C. 透明度　　D. 清洁度

2. 在 FAB 分析法中，“B”代表（　　），即告诉消费者“产品能给消费者带来什么好处”。

A. 特征　　B. 利益　　C. 内涵　　D. 折扣

3. 下列选项不属于商品基本功能的是（　　）。

A. 耳机的线控功能　　B. 扫地机器人的打扫功能

C. 杀毒软件的防病毒功能　　D. 服装展现穿着者个性的功能

4. 产品寿命、安全性、主要用途等能够满足消费者对产品最基础需要的功能属于产品的（　　）。

A. 次要功能　　B. 核心功能　　C. 特殊功能　　D. 一般功能

5. 下列商品不适用于按容量进行区分商品规格的是（　　）。

A. 洗衣液　　B. 爽肤水　　C. 洗发水　　D. 肥皂

三、判断题

1. 通常描述一件商品的规格主要是说明该商品的体积、大小、形状、轻重、精密度、性能、型号等方面的内容。（　　）

2. 粉底液有隐匿毛孔、痘痕、红血丝等人体面部瑕疵的功能，该功能属于商品的心理功能。（　　）

3. 产品附加功能通常能够为消费者提供各种附加的服务与利益，如销售产品时附带的使用指导视频、免费安装维修服务、一定时间内的免费清洗服务等。（　　）

4. 在 FAB 分析法中，“A”代表优点（Advantage），即与竞争对手相比有何不同，告诉消费者“它有什么用”。（　　）

5. 当客户提及竞争对手或者为了获得更多优惠而故意夸大竞争对手的优势时，电子商务客服人员可以借机宣传竞争对手产品的不足之处。（　　）

6. 描述商品规格时，一般会用相应的编号进行表述，以方便对商品进行分类和识别。（　　）

7. 欧式尺码中通常用 34 ~ 44 的双数来表示女式上装的尺码。（　　）

四、简答题

1. 电子商务客服人员如何强调商品的独特卖点？

2. 如何在商品中体现商品的心理功能？

五、综合题

某客户向某网店客服人员咨询一款女子跑步鞋的相关信息。已知该跑步鞋颜色为淡粉色，系带设计，针织鞋面，鞋底采用缓震技术，柔软且有弹性。

假如你是该客服人员，请根据以上产品信息用 FAB 分析法向客户介绍和推荐该款女子跑步鞋。

序号	F	A	B
1			
2			
3			
4			
5			

第2节 熟悉常用交流、支付工具

一、填空题

1. 电子商务客服人员在线服务常用的交流工具是____________。

2. 大部分电子商务平台为客户提供了多种____________，方便客户付款时使用。

3. 千牛工作台是由阿里巴巴集团提供的供淘宝卖家、天猫卖家使用的工作软件，是在__________________的基础上升级而来的。

4. 网上银行包含两个层次的含义：一个是机构概念，另一个是____________。

5. 电子商务交易过程中所说的网上银行主要是指通过互联网进行____________________方面的金融服务。

二、单项选择题

1. 使用千牛工作台最多可拥有（　　）好友。

A. 5 000 位　　B. 1 000 位　　C. 1 500 位　　D. 2 000 位

2. 下列选项不属于电子商务客服人员常用交流工具的是（　　）。

A. QQ　　B. 微信

C. 钉钉　　D. 千牛工作台

3. 使用千牛工作台，设置（　　）可以让买家更多地了解卖家的状态，增加买家对卖家的亲切感。

A. 头像　　B. 快捷短语

C. 签名　　D. 自动回复用语

4. 下列选项不属于常见支付工具的是（　　）。

A. ATM 机　　B. 百付通

C. 微信支付　　D. 网上银行

5. 支付宝的主要业务不包括（　　）。

A. 转账服务　　B. 网上店铺

C. 生活缴费　　D. 信用卡还款服务

三、判断题

1. 支付工具是用于资金清算和结算过程中的一种载体，它是记录和授权传递支付指令和信息发起者的合法金融机构的账户证件。 (　　)

2. 网上银行主要受理因信息技术应用带来的新兴业务，较少受理传统银行业务。 (　　)

3. 电子商务客服人员只要掌握常用的交流、支付工具的使用方法，就可以为客户提供优质服务。 (　　)

4. “淘宝智能机器人”能够提升客服效率，降低店铺运营成本。 (　　)

5. 设置千牛工作台头像时，所用的图片大小不能超过 20 兆字节。 (　　)

6. 客户可通过千牛工作台向商家咨询商品情况，随时洽谈。 (　　)

四、简答题

1. 简述网上银行的开通流程。

2. 简述千牛工作台常用功能。

3. 简述千牛工作台的优点。

第3节　熟悉网购客户

一、填空题

1. ____________是指通过网络（计算机网络和移动端网络）在线购买商品或服务，满足其某种需求的群体，包括与销售企业有直接经济关系的个人或企业。

2. 使用____________方式收集到的客户资料准确性不高，可参考性不强，需要经过筛选才可放心使用。

3. 看重商品实际的使用价值，不太强调美观，在选购商品时优先考虑的是该商品能否满足某些实际需要，这是____________的消费心理。

4. 网购客户不同于传统客户，其购买决定受外界影响较________。

5. 对于____________客户，客服人员要更加耐心，细致地提供咨询服务，尽可能地打消客户疑虑，提升他们对商家的信任度。

6. 买的人越多则认为商品越可靠，更愿意购买，这种网购客户的消费心理属于____________。

二、单项选择题

1. 他们有经常购物的固定网站和店铺，当有需求时会优先到自己熟悉的地方进行购买，此类消费者属于（　　）网络消费者。

A. 新手型　　B. 忠诚型

C. 议价型　　D. 深思熟虑型

2. 下列选项不属于电子商务客户资料收集渠道的是（　　）。

A. 老客户介绍　　B. 权威数据库查询

C. 专业网站查询　　D. 亲友推荐

3. 卖家在包装产品时选择精美的包装是因为消费者追求（　　）的消费心理。

A. 美观　　B. 快捷

C. 实用　　D. 方便

4.“双 11”活动期间，对于议价型客户可以利用（　　）诱发他们的购买冲动。

A. 求廉心理　　B. 避扰心理

C.“随大流”心理　　　　　　　　D. 个性消费心理

三、判断题

1. 消遣型网络消费者通常不在乎是否花费了较多的时间在购物网站上。(　　)

2. 具有求实心理的网络消费者一般为忠诚型。(　　)

3. 网络购物能够更为方便地满足客户个性化的心理需求。(　　)

4. 对于一些如家电类的特定商品，客户在购买时更加在意它的安全性，所以电子商务客服人员在介绍商品时加上“安全”“环保”“权威验证”等字眼效果会更好。(　　)

5. 随着上网用户的增加，依赖网络了解市场信息的群体日益增多，网络中每出现一则商品信息，都有可能带动一个群体的网络用户在短期内进行冲动式购买。(　　)

四、简答题

1. 简述网购客户的类型与特点。

2. 简述网购客户的心理特征。

五、综合题

1. 某消费者想购买某淘宝店铺的一款电动牙刷，为了了解该款电动牙刷的相关功能，该消费者向客服人员提出了自己的疑问。经过交流，客服人员认为该消费者有较强的追求实际的消费心理。

假如你是客服人员，为了更好地解答消费者关于产品的提问并消除他的疑虑，请从以下产品信息中选择该消费者可能会看重的产品卖点，转述为适合告知他的语言来对产品进行描述。

（1）有粉色、绿色、蓝色、白色等多种颜色可选。

（2）全新升级外观设计，更具科技感。

（3）W 型椭圆刷毛，全面贴合牙齿。

（4）采用声波震动技术，振动频率高于 30 000 次 / 分钟。

（5）具有定时功能。

（6）机身防水。

（7）卡扣式刷头，可更换。

（8）无线感应充电，一次充电可使用 10 天。

（9）国际知名品牌电器。

（10）赠送替换刷头一支。

（11）未经使用的商品，30 天内无理由退换货。

（12）白色弧线形包装盒。

商品描述：____

____

____

____

____

____

____

____

2. 越来越多的商品因为其独特的创意受到消费者的欢迎，这些商品有的造型怪异，有的功能有趣，有的甚至不具有太多实际的功能，如耳朵形状的食物盘、表面布满尖刺的双肩包、打响指自己滚动的智能骰子等，但这些商品仍然吸引了许多消费者购买。

请分析购买此类创意商品的消费者的消费心理。

第 4 节　熟悉客服工作流程

一、填空题

1. 电子商务客服人员需要了解电子商务平台的交易规则，熟悉物流配送的相关知识，并要__________________熟悉完整的购物流程。

2. ____________________已成为买卖交易的重要渠道，其大幅降低了交易成本，在人们的日常生活中扮演着重要角色。

3. 会员在选择其淘宝会员名、淘宝店铺名或域名时不得包含违法、涉嫌侵犯他人权利、____________________等相关信息。

4. 淘宝买家有权自收到货物之日起_______日内退货（退货的商品应完好）。

5. 在淘宝网交易成功后，买卖双方可以基于真实的交易情况在 15 天之内进行相互评价，交易情况评价内容包括____________与____________两部分。

6. 淘宝网会对卖家的严重违规行为采取扣分等措施，若卖家被扣分数累计达到_______分，将被查封账号。

7. 电子商务客服人员在物流配送阶段的主要工作内容包括订单处理、送货处理、物流信息跟踪以及_______________。

8. 电子商务交易的客服工作一般可分为_________、_________、_________三个阶段。

二、单项选择题

1. 淘宝买家自拍下商品之时起（　　）内未付款，交易将自动关闭。

A. 1 天　　B. 2 天

C. 3 天　　D. 4 天

2. 对于已创建的店铺，如果连续（　　）处于销售状态的商品数量为零，淘宝网有权将该店铺彻底释放。

A. 5 周　　B. 6 周

C. 7 周　　D. 8 周

3. 下列不属于售后客服工作中可能会遇到的问题是（　　）。

A. 货物发送错误

B. 客户收到的产品出现质量问题

C. 货物发送数目与实际不符

D. 库存不足

4. 下列商品不宜退货的是（　　）。

A. 衣服　　B. 数字化产品

C. 牙膏　　D. 沙发

5. 电子商务客服人员受理消费者的订单后，会将订单计划发送至供应商，由供应商供货并及时将订货信息传输给（　　）。

A. 仓库　　B. 分拣中心

C. 配送中心　　D. 快递人员

6. 在进行电子商务交易时，客户将订单提交给系统后，由（　　）对订单进行审核，查看收货地址是否正确、所订产品是否缺货等。

A. 审单员　　B. 制单员

C. 出纳　　D. 配货员

三、判断题

1. 淘宝店铺不可以出售国家法律法规禁止出售的商品，除此以外，淘宝网可以根据平台管理规则禁售某些产品。（　　）

2. 在淘宝网交易成功后，买卖双方可互相进行信用评价，评价所得的信用积分

以心、钻、冠形式展现，每笔交易可评价多次。（　）

3. 淘宝网在淘宝卖家创建店铺的条件中规定，一个淘宝会员仅拥有一个可供出售商品的账户。（　）

4. 买家逾期没有根据约定或按淘宝网规定时间进行退货的，交易做撤销处理。（　）

5. 订单生成后，电子商务客服人员需要对买家提出的要求进行备注，如优先或推迟发货、赠送礼品、特殊包装等。（　）

6. 电子商务客服人员可在订单达成后引导用户追单，提高客单价，即提高每一位客户平均购买商品的数额。（　）

7. 在售前阶段遇到客户所咨询商品库存不足的情况，电子商务客服人员告知其无货即可，不必再进行同类商品推介。（　）

8. 客户想要取消订单时，如果货物已经发出，电子商务客服人员可立即联系物流公司进行追回；如果无法追回，则直接拒绝客户取消订单的要求。（　）

四、简答题

1. 淘宝网交易违规行为中的虚假交易具体都有哪些行为？

2. 简述网购交易流程。

3. 当客户要求进行退换货时，电子商务客服人员可以运用哪些方法与其协商解决？

五、综合题

某客户在春节到来之际想要购买一款糖果礼包作为年货，请你结合电子商务客服人员的工作流程，针对以下不同情况回答相关问题。

1. 在将糖果礼包加入购物车时，页面显示该产品无货，客户询问是否能够补货。客服人员应如何回复客户？请对可以补货和无法补货两种情况分别进行说明。

2. 春节前，店铺会开展较多的促销活动，客服人员应如何引导客户收藏产品和店铺？

3. 淘宝店铺和物流公司在春节期间陆续开始放假，针对该情况，客服人员在售前、售中和售后三个阶段需要同客户确认哪些问题？

第 3 章　电子商务售前与售中客服

第 1 节　客户接待与沟通

一、填空题

1. 售前服务是决定商品销售与企业效益的最基本因素，是提高＿＿＿＿＿＿的关键。

2. 售前服务是＿＿＿＿＿＿和＿＿＿＿＿＿之间的纽带，作用至关重要。

3. 售前服务的主要目的是协助客户做好购买规划和＿＿＿＿＿＿，使商品能够最大限度地满足客户需要。

4. 提高付款转换率的最直接有效的方法是＿＿＿＿＿＿。

5. 网购客户看不到商品实物，担心买到的商品和自己想象的不符，对商品容易提出两种异议，一是＿＿＿＿＿＿的异议，二是＿＿＿＿＿＿的异议。

二、单项选择题

1. 客户进入网店打招呼问“在吗？”时，下列客服人员的回复最容易导致客户离开的是（　　）。

A. “您好，有什么可以为您服务的？”

B. “您好，欢迎光临 ×× 小店。”

C. “在，我现在有点忙，请您先自行浏览参观。”

D. “在，现在满 ×× 元包邮，欢迎选购。”

2. 下列选项不属于常见客服影响因素的是（　　）。

A. 响应时间　　　　B. 服务态度

C. 专业知识　　　　D. 物流快慢

3. 当客户提到能不能打折的时候，客服人员应该避免的回复是（　　）。

A. “我店的商品价格已经比线下优惠很多了。”

B.“贵与不贵是相对的，我们更愿意为您提供一种有价值的服务。”

C.“售价是公司规定的，客服人员是无权议价的，请谅解！”

D.“我店不议价、不打折，您可以去别家看看。”

4. 售前客服最重要的一项工作就是根据客户的需求（　　）。

A 介绍店铺　　B. 推荐商品

C. 转化购买率　　D. 提供咨询

5. 下列情形不利于推动交易的是（　　）。

A. 只要是议价问题都不回应，但是其他问题很快解答

B. 解决客户所有购买疑虑后，给对方发送相关商品链接，请对方拍下来

C. 引导客户说出购买疑虑，然后尽可能地想办法解决

D. 提前准备好网店常见问题解答，缩短响应时间

三、判断题

1. 售前客服应在“黄金 10”秒内给客户留下好印象。（　　）

2. 在即时交流工具里预设好店铺主推商品的促销信息，可以让客户快速了解促销优惠。（　　）

3. 客服人员推荐关联商品能够起到方便客户购买、增加主打商品销售量的作用。（　　）

4. 权威原理表明，消费者容易被权威力量说服，并购买其推荐的商品。（　　）

5. 常见的催付方式有电话、短信、即时沟通工具（如微信）等。（　　）

四、简答题

1. 客服人员说服客户促成交易的方法有哪些？

2. 客服人员在催付时应注意哪些事项？

3. 客户因商品价格高而拒绝购买时，客服人员应从哪些方面着手引导客户购买？

五、综合题

1. “双 11”购物狂欢节来临之际，某女装天猫店铺开展了一项促销活动：满 288 元即可包邮并随机赠送一款服饰小配件。某客户在该店铺选购商品时与客服之间出现了以下的对话。

客户：“在吗？”

客服：“在的，亲，很高兴为您服务。”

客户：“我现在看中的商品有两件，总共 278 元，你能不能帮我改价差直接包邮？”

客服：“亲，不好意思，公司规定是满 288 元才包邮，改不了呢，您多选购些商品，还可以收到我们的服饰小配件哦！”

客户：“你们店铺的商品，一件 T 恤衫就将近 200 元，这么贵，还不知道质量怎么样，买一件还是看看好不好，不好我是要退货的。”

客服：“这方面您可以放心，我们店铺的商品质量非常好，一分钱一分货，回头客很多的。”

客户：“那你给不给我改价格？给不给我包邮？”

客服：“亲，实在不好意思，我推荐几款性价比高的商品给您吧，看中了可以一起购买，既可包邮又有赠品，很划算的，我们赠品同样样式好、质量高！”

客户：“不能改价？那我不买了。再见！”

（1）结合案例分析最终该客户流失的原因。

（2）针对此案例，为避免流失客户，客服人员在回复过程中应怎么做？

2. 某淘宝茶叶店铺主要售卖红茶和绿茶，红茶包括祁门红茶、云南红茶以及泉城红茶等，绿茶包括碧螺春、竹叶青、西湖龙井以及黄山毛峰等。售前客服人员小李在该店任职不到一个月，对茶叶的认识有限，经常遇到客户咨询喝红茶还是喝绿茶对治疗胃寒有好处，或者咨询喝红茶还是喝绿茶可以瘦身之类的基础问题。除此之外，偶尔还有客户咨询专业问题，如咨询店铺售卖的西湖龙井是春茶、夏茶还是秋茶，各种在售的绿茶有什么差别等。每次小李都需要打开客服岗前培训资料查询到相应的内容，再答复客户。

结合案例说说小李应如何提高自己的客户服务技能，才能使她的工作更加高效、规范和专业化。

第2节 订单处理

一、填空题

1. 订单处理是减少错误的关键环节，要防止错发、漏发、____________、____________等情况发生。

2. 客户付款后，如果客户的收货地址属于____________，客服人员还需要与客户核实有哪些快递公司在当地设有快递网点。

3. 客服人员要定期检查库存，不足的商品应补足或____________，尽量避免出现缺货订单的情况。

4. 客户付款后，客服人员应把订单中的____________发给客户，让客户进行确定。

5. 由于订单多，客服人员一定要每天检查订单，特别是____________的订单。

二、单项选择题

1. 客服人员进行订单核实确认时不包括（　　）环节。

A. 物流信息查询　　B. 未发货订单检查

C. 缺货订单处理　　D. 订单确认

2. 客户付款后，电子商务客服人员处理订单流程应核实（　　）。

A. 商品价格　　B. 优惠券使用情况

C. 商品页面说明　　D. 客户相关信息

3. 根据淘宝网规定，非定制、预售及其他特殊情形等另行约定发货时间的商品，如果超过（　　）未发货，客户可以发起投诉。

A. 24 小时　　B. 36 小时　　C. 48 小时　　D. 72 小时

4. 买家收到网购的衣服后，感觉不喜欢衣服的颜色，要求退货，衣服的卖家已加入 7 天无理由退换货服务承诺，客服人员应该如何处理?（　　）

A. 以无质量问题回绝客户

B. 要求客户承担寄出运费

C. 要求客户承担寄回运费

D. 告知客户需保证产品不影响二次销售才能办理退货

5. 客户的货物邮件在快递时效内未到达，客服人员应（　　）。

A. 帮助客户了解物流情况　　B. 重新发货

C. 置之不理　　D. 赠送礼品

三、判断题

1. 电子商务交易的特点是仅用快递公司运输货物。（　　）

2. 出现缺货订单时，客服人员在与客户联系的过程中，要以客户为主，尽量弥补客户的损失。（　　）

3. 商品在快递途中出现的问题是客服人员能够控制的。（　　）

4. 物流人员不负责任，把客户的快递让他人签收，造成客户损失，这种情况下的过失方是物流公司。（　　）

5. 客服人员追踪物流的方式有后台查询、物流公司官网查询和电话查询等。（　　）

6. 作为电子商务客服人员，熟知网络购物流程可在客户遇到操作上的问题时，及时给予指导，使其顺利完成购物操作，将订单转化为有效订单。（　　）

四、简答题

1. 简述客服人员核实确认订单的流程。

2. 简述客服人员与客户礼貌告别的要点。

五、综合题

1. 某知名品牌旗下子品牌化妆品网店聚划算活动期间遇到了与订单相关的三个问题。

（1）A 客户同时拍下两件商品，只完成一件商品的付款，另一件商品并未付款。

（2）B 客户未使用购物车分别拍下两件商品，收货人、联系方式以及收货地址相同。

（3）C 客户使用购物车在同一订单中拍下两件商品，并在买家留言中说明“两件商品分开发货，×× 商品发至订单里的地址，×× 商品发 × 省 × 市 × 区 × 街 × 号，收货人：××，联系电话：×××××××××××”。

假如订单不能及时得到处理，买家随时会发起退款、换货、修改地址等各种申请，增加售后问题发生的可能性和频率。同时，未及时付款的聚划算商品还会因超时而关闭订单，造成店铺损失，甚至丢失客户。

请根据案例分别列出对三个问题的处理方法。

2. 某淘宝美妆店铺的客服小陈突然发现一位老客户给了自己一个中评，并且留言说以后再也不会来购物了。小陈给该客户发了很多条信息才弄清事情的原委：原来该客户前一阶段给自己的母亲购买了一份礼品，由于礼品的价格较贵，客户怕母亲知道价格后心疼钱，所以在购物时特别跟小陈交代快递商品时包装内不要有任何价格信息，但实际发货时价格信息还是出现在了商品包装内，结果被客户的母亲看到。这件事情发生后，小陈认为自己急需提高订单处理的技巧。

请根据案例给小陈一些有效的方法来处理客户订单。

第 3 节　客户信息整理

一、填空题

1. 客户管理工具是用于营销推广的会员关系管理工具，旨在提高__________和__________之间的粘度。

2. 网店可以根据会员的消费情况，划分____________，设置会员享受优惠的标准。

3. 网店会员管理设置成自动升级后，买家的等级只会____________，不会____________，除非客服进行人工调整。

4. 客户的基本信息可以通过____________进行收集，如买家的账号、姓名、手机和座机号码等信息都会在其中体现。

5. 客户信息会发生变更，如家庭地址、联系方式的变更，客服人员要在客户每一次购买之后进行核对，及时更新客户的存档信息，即对存档资料实行____________。

二、单项选择题

1. 管理淘宝店铺时，在（　　）中可以查看会员资料、会员详情、会员购买记录等信息。

A. 会员设置　　　　B. 我的淘宝

C. 客服记录　　　　D. 收藏夹

2. 根据网店会员的交易记录进行（　　），有助于精准营销。

A. 资料导出　　B. 优惠券发放

C. 分组管理　　D. 客户回访

3. 对于网店的运营来说，客户管理中的（　　）是衡量客户价值和客户创利能力的重要手段。

A. RFM 模型　　B. CRM 模型

C. WMS 模型　　D. ERP 模型

4. 下列选项不属于客户高价值信息的是（　　）。

A. 购买金额　　B. 购买单价

C. 购买周期　　D. 购买次数

5. 下列选项对客户信息整理目的描述不正确的是（　　）。

A. 改善服务水平　　B. 改进工作流程

C. 提高营销成本　　D. 扩大销售

6. 如果客户对产品的判断非常自信，对产品的理解说得头头是道，具有很强的决断力，不能容忍慢待，则该客户属于（　）客户。

A. 独断型　　B. 友善型

C. 分析型　　D. 自我型

三、判断题

1. 交易完成后需要及时将客户购买及相关信息进行收集和整理，建立客户档案，以便开展持续的营销。（　　）

2. 客户管理工具能够针对不同的会员采取更加合适的营销方式，是积累客户数量和提高客户忠诚度的有效工具。（　　）

3. 客户资料的高级信息会在订单中出现，客服人员可以在订单中看到。（　　）

4. 每个企业整理客户问题的规则和要求基本一样，客服人员可以套用其他企业的模板进行问题整理。（　　）

5. 使用恰当的聊天表情来代替面谈时的表情和手势，可以使客服人员在线沟通的方式更加生动有趣，提升客户的亲切感。（　　）

四、简答题

1. 简述客户资料管理的意义。

2. 简述客户信息整理的步骤。

五、综合题

网购客户总是会对价格、服务等方面有各种各样的要求，而网店对于这些方面又有相应的标准和规定，所以客户的很多要求在客服人员那里不能完全得到满足，导致客户经常在与客服人员沟通较长时间后转身离开店铺，而部分老客户在一段时间后也会流失。如何提高咨询客户的成交率与客户好评率、留住老客户，成为客服人员头痛的问题。

请分析出现以上情况的原因，并说明客服人员应从哪些方面入手维护客户群体的稳定性。

第 4 章　电子商务售后客服

第 1 节　售后服务概述

一、填空题

1. 由于产品同质化现象严重，企业在提供物美价廉产品的同时，向消费者提供完善的＿＿＿＿＿＿，已成为企业市场竞争的新焦点。

2. 电子商务售后服务是在＿＿＿＿＿＿以后由商家提供的各种服务活动。售后工作是一次交易的结束，也是＿＿＿＿＿＿的开始。

3. 电子商务售后服务具有便捷性、＿＿＿＿＿＿、＿＿＿＿＿＿、低成本等特点。

4. 售后服务的目的在于提高＿＿＿＿＿＿，建立客户忠诚度。

5. 被评价人可在评价人发表评论内容或追评内容之时起的＿＿＿＿天内作出解释。

6. 淘宝网退款 / 退货服务类型有仅退款和＿＿＿＿＿＿。

7. 实施电子商务售后服务策略时要注意＿＿＿＿＿＿和＿＿＿＿＿＿相结合。

二、单项选择题

1. 下列对售后服务重要性的说法错误的是（　　）。

A. 能有效提升客户满意度、培养客户忠诚度

B. 能有效保障客户的基本利益

C. 能提升品牌专业形象，为企业赢得口碑

D. 能有效提高产品质量

2. 下列选项不属于售后服务内容的是（　　）。

A. 产品使用说明　　B. 产品或服务设计

C. 客户跟踪服务　　D. 产品使用培训

3. 如果客户说："这款连衣裙穿着不合身，怎么办？"作为售后客服人员合理的回答是（　　）。

A. "您好！请问是什么地方不满意呢？请告诉我们，我们会尽全力为您解决的！"

B. "亲，这款连衣裙是设计师根据轻盈、凉爽的理念设计的，所以拿在手上会有比较轻薄、比较纤柔的感觉，但是穿在身上很舒服的！"

C. "亲，您先别着急！您的连衣裙从 ××（城市名）发到 ××（城市名）需要 5~7 天的时间，预计在 × 天内就能收到您的衣服了！"

D. "亲，如果连衣裙穿着实在不合身，我们可以为您提供退换货服务，您可以先了解一下我们的退换货须知。"同时发送退换货须知截图或文字给客户。

4. 下列关于退货流程的描述错误的是（　　）。

A. 买家如需退货，必须在收到货物后按支付宝规定的时间内提出申请

B. 逾期申请退货且卖家拒绝接受退货，则支付宝会将争议货款支付给买家

C. 整个退货流程与正常交易流程相反

D. 买家可以在物流签收后 7 天内申请退货

5. 下列关于买家退款时机的描述正确的是（　　）。

A. 买家不能申请退款，只有卖家去点了发货之后买家才能申请退款

B. 物流在途时买家申请可以退款

C. 买家付款以后就可以申请退款

D. 买家付款后 3 天内卖家还没点击发货的，买家可以申请退款

6. 买家申请退货，卖家超过（　　）未处理，退款协议将生效，交易进入退货流程。

A. 5 天　　B. 10 天　　C. 15 天　　D. 20 天

三、判断题

1. 售后服务是售后流程中最重要的环节，售后服务的优劣能影响消费者的满意程度。（　　）

2. 网店可以通过售后服务来提高企业的信誉，从而扩大产品的市场占有率。（　　）

3. 售后服务工作是营销活动的最后过程，代表着营销活动的终结。（　　）

4. 包邮商品因 7 天无理由退换货（非商品质量问题）所产生的邮费，应由卖家

和买家各承担一半。（　　）

5. 消费者在淘宝网购买的定制类商品，同样享受 7 天无理由退换货待遇。（　　）

6. 退换货过程是卖家与买家协商交流的过程，能否得到较好的解决在很大程度上取决于双方的态度。（　　）

7. 店铺动态评分（DSR）不会影响卖家的好评率，但信用评分的中差评会影响卖家的好评率。（　　）

8. 极速退款是淘宝网和天猫网为所有会员推出的退款服务，目的是让所有会员可以尊享优质退款服务，减少退款的等待时长。（　　）

四、简答题

1. 简述售后服务的主要工作内容。

2. 售后客服应如何处理物流丢件问题？

3. 影响客户退换货的因素有哪些？

4. 如何引导客户对已完成的交易进行评价?

五、综合题

1. 肖晓在某淘宝店铺上购买了一台手机（不包邮），快递送货上门时肖晓打开包装盒进行验货，发现手机屏幕左侧边缘有破损，于是果断拒收，同时还让快递员在快递单上注明并拍照保留了证据。手机退回商家后，商家认为手机是在物流运输中被损坏的，因为手机发出去是好的，需要买家承担 38 元的往返运费，肖晓不同意，于是双方申请"淘宝小二"介入。

假如你是"淘宝小二"，你会如何处理以上问题?

2. A 店铺参加了京东商城的"6·18"活动，活动至 6 月 18 日凌晨结束。活动结束后店内所有商品将恢复日常价销售，但很多商品的图片还是"6·18"当天的活动价，需要等美工第二天早上 9：00 上班后修改。这段时间内有客户在购买了此类商品后，对 A 店铺进行投诉，认为所购商品的实际价格和图片描述的不一致，要求 A 店铺退还差价。

假如你是 A 店铺的客服人员，你会怎么处理？在网店的经营中，应采用什么方法尽可能避免类似情况的发生？

第 2 节　交易纠纷处理

一、填空题

1. 网上处理交易纠纷时应把握有理、__________、__________的原则，以积极的态度处理交易纠纷。

2. 目前网上交易存在的主要问题和____________、物流配送、第三方支付、____________以及厂商信用得不到保障等相关。

3. 评价人可在评价后的__________天内进行中差评修改，逾期则不能修改。

4. 比较常见的物流纠纷有发货与送货的时效性、___________和物流费用问题。

5. 理解是化解矛盾的良药，客服人员一定要学会____________，站在买家的角度看待问题。

6. 处理交易时，客服人员应快速响应，最好能在客户呼入__________秒内及时回复。

7. 售后客服人员在与客户进行沟通时，应耐心倾听客户的陈述，____________是实现顺利沟通的一种有效技巧。

二、单项选择题

1. 为了不影响店铺动态评分，客服人员在客户服务过程中应重视服务态度，尽可能避免（　　）。

A. 交易纠纷　　B. 退货

C. 退款　　D. 换货

2. 客户在某淘宝店铺购买了一条裙子后，因不合适换了一次货，但是换过的裙子还是不合适，于是又申请了第二次换货。针对这种情况，售后客服人员正确的处理方式是（　　）。

A. 同意换货，客户就是上帝，不换货会损失一个客户

B. 同意换货，因为店铺支持 7 天无理由退换货

C. 拒绝换货，总是换货对店铺损失太大

D. 拒绝换货，让客户退货，因为已经换过货了，第二次就只能退货

3. 如果商品支持 7 天无理由退换货，商家发货后客户直接无理由拒收。针对此种情况，下列说法错误的是（　　）。

A. 非包邮交易，发货运费由客户承担，退货运费由客户承担

B. 包邮交易，发货运费由商家承担，退货运费由客户承担

C. 包邮交易，发货运费由客户承担，退货运费由客户承担

D. 商家可与客户联系协商解决运费问题

4. 下列选项中不利于解决商家与客户纠纷的方法是（　　）。

A. 快速响应，态度好　　B. 搁置投诉，求辩解

C. 诚恳道歉，求谅解　　D. 认真倾听，表诚意

5. 下列做法容易导致网购客户投诉升级的是（　　）。

A. 客服人员迅速将收到的投诉交给客服组长进行整理汇总，并分到相关责任部门进行后续处理

B. 客服人员在投诉处理完成后，联系客户咨询满意度并做好登记

C. 客服部门委派客服人员与客户联系处理投诉，并邀请客户加入微信公众号以便获得更好的后续服务

D. 客服部门收到投诉后发现投诉的原因是客户操作失误，遂将投诉退回，由客服人员告知客户投诉不成立

6. 买家收到货物时发现包装严重损坏，商品有大面积污渍，此时，退换货产生的费用应该由（　　）承担。

A. 物流公司　　B. 卖家

C. 第三方平台　　　　　　　　　　　D. 买家

7. 下列关于投诉的说法错误的是（　　）。

A. 客户投诉是因为没有得到预期的服务，即实际与期望有落差。

B. 客户投诉时希望被倾听、被关心，客服人员应迅速作出反应、提供专业服务。

C. 即使客户的投诉能够迅速得到解决，该客户也很少再向该店铺购物。

D. 处理客户投诉应先解决客户的心情问题，再处理具体事宜。

三、判断题

1. 交易纠纷处理得当，不但可以增加店铺的销售量，还可以提升客户满意度，增进商家与客户之间的友谊。（　　）

2. 店铺只需要对大多数的评价进行分析，少数中差评是不会对店铺造成影响的。（　　）

3. 商品色差太大、型号不符属于商品质量方面的纠纷。（　　）

4. 在每次沟通结束时，不管买家是否答应更改评价，售后客服人员都要与其温馨道别。（　　）

5. 一旦出现交易争议或者纠纷，阿里旺旺的聊天记录可以作为证据举证。（　　）

6. 一般来说，对于客户的正面评价不需要进行任何处理。（　　）

7. 售后客服人员处理退换货时应善于总结、吸取教训，采取相应措施，有效减少退换货问题的发生。（　　）

8. 由于物流原因造成的退换货，卖家可以让买家自己找快递公司索赔。（　　）

四、简答题

1. 简述正确处理客户投诉的流程。

2. 简述交易纠纷的处理技巧。

3. 如何正确处理因商品质量问题引起的交易纠纷？

4. 请列举售后客服处理中差评的技巧。

五、综合题

1. 某淘宝女装店加入了 7 天无理由退换货服务承诺。买家王女士在该店铺拍下了一件衬衫，当王女士收货后发现衬衫袖口和领口有些小线头，而且与客服约定的赠送衬衫备用纽扣也没有送。试穿衬衫后，王女士对商品并不是很满意，于是找卖家售后客服协商表示要退货。

沟通开始时，卖家表示给王女士退 10 元钱作为补偿，要求王女士不要退货，但王女士没有同意。王女士认为商品质量有问题，继续要求退货。再次沟通时，卖家表示因为是王女士自己的问题要退货，让王女士自己承担运费，王女士还是不同意，最后卖家对王女士置之不理，导致王女士很生气，对该女装店进行了投诉，并申请退货退款。

假如你是该女装店的售后客服人员，你会如何和王女士沟通呢？

2. 小唐在某网店看到用户在用户评价区里都说某款真皮皮鞋穿着很舒服、质量很好，于是购买了一双。但是到货后小唐只穿了一天，就发现鞋子不仅挤脚、磨脚，而且一只鞋子表面出现明显的褶皱，另一只却没有。

小唐立即与售后客服人员联系，坚持认为是鞋子的质量有问题，并要求退货退款，但客服表示，鞋子是真皮的有质检证明，出现的问题是因为小唐自身的原因，并非鞋子的质量问题，而且鞋子被穿过，已经影响二次销售，因此不予退货退款。多次沟通协商无果后，小唐对售后客服人员说，如果店铺不退货退款，就要申请“淘宝小二”介入。

你认为该店铺的售后客服人员应如何解决这次纠纷，避免投诉再次升级？

第 3 节　回访客户

一、填空题

1. 客户需求不断变化，客服人员针对已购买的客户进行定期或不定期________，可以及时发现客户的新需要并给予满足，从而提高客户粘性。

2. 向客户定期促销时应定期____________给老客户。

3. ____________是最好的客户营销方式，但比较适合 VIP 客户，而且要注意控制次数。

4. 从服务利润链分析可知，要保持客户忠诚必须先从____________着手。

5. 如果客户当次购物的体验较好，他就极有可能再次购买、重复购买，最后成为该网店的____________。

二、单项选择题

1. 下列做法最能影响客户回头率的是（　　）。

A. 老客户的维护和营销　　B. 产品设计

C. 店铺装修　　D. 直通车的投放

2. CRM 是以（　　）为中心的新型商业模式，是一种旨在改善企业与客户之间关系的新型管理机制。

A. 产品　　B. 利润　　C. 客户　　D. 市场

3. 下列选项不属于维护老客户意义的是（　　）。

A. 使企业的竞争优势长久　　B. 使成本大幅度降低

C. 有利于发展新客户　　D. 间接加强广告宣传

4. 衡量老客户维护最重要的指标是（　　）。

A. 客单价　　B. 回头率

C. 关联购买　　D. 好评率

三、判断题

1. 深度挖掘老客户的价值，能够节省推广费用，降低整体运营成本。（　　）

2. 客户关系管理就是客户服务。（　　）

3. 企业可以针对不同组别的客户开发相应的产品套餐，提供需要的服务内容和恰当的关怀信息以提高客户满意度。（　　）

4. “以旧带新”的转介绍客户策略特别适合商品有竞争力的商家，以好货吸引二次购买。（　　）

四、简答题

1. 简述客户关系维护的重要性。

2. 简述回访客户的主要方法。

3. 简述维护老客户的方法。

五、综合题

“三只松鼠”是由安徽三只松鼠电子商务有限公司（以下简称三只松鼠公司）于2012年7月推出的互联网食品品牌，主要销售坚果、干果和茶叶等产品。

三只松鼠公司注重把服务意识融入产品当中。三只松鼠公司的产品被加工得易剥，并附送纸袋、夹子、垃圾袋、纸巾和微杂志等配件，产品使用双层包装，并在包装上突出三只可爱的松鼠形象。

此外，三只松鼠公司还注重数据分析，强调以数据化为基础来提升客户体验，用软件对客户的购买行为进行分析，主要包括：客户购买的客单价、二次购买频率、购买内容、购买打折商品的比例和购买次数等。通过客户购买行为分析，获取客户消费偏好数据，以此为依据对不同类型的客户提供不同的服务。

结合案例，说明三只松鼠公司是如何加强客户体验，使客户成为企业忠实客户的？

全国中等职业技术学校电子商务专业

电子商务基础
电子商务基础习题册
电子商务法律法规
电子商务法律法规习题册
电子商务物流
电子商务物流习题册
网络营销（第三版）
网络营销（第三版）习题册
电子商务客户服务
电子商务客户服务习题册
网店运营实务
电子商务文案写作
电子商务会计（第二版）
电子商务会计（第二版）习题册
电子商务安全技术（第三版）
电子商务安全技术（第三版）习题册
电子商务网站建设与维护（第二版）
电子商务网页设计（第三版）
电子商务数据库（第三版）
电子商务网页图像制作（Adobe Photoshop CS6）（第二版）
商品图片拍摄与处理
网店美工

责任编辑：曹文轶
责任校对：朱　岩
责任设计：邱雅卓

天猫旗舰店

中国人力资源和社会保障出版集团

ISBN 978-7-5167-4103-0
9 787516 741030 >
定价：5.00元

全国中等职业技术学校电子商务专业

电子商务法律法规习题册

中国劳动社会保障出版社